# ÉLOGE ACADÉMIQUE

DU

# D<sup>R</sup> NAVET,

Membre correspondant de l'Académie royale des Sciences, Belles-
Lettres et Arts et de la Société d'Émulation de Rouen,
membre du Conseil de Salubrité et de la Société
humaine de Dieppe, médecin adjoint de
l'Hospice de cette ville.

## PAR M. VINGTRINIER,

Médecin en chef des Prisons de Rouen, etc.

LU A L'ACADÉMIE ROYALE DES SCIENCES, BELLES-LETTRES
ET ARTS DE ROUEN,

Dans sa Séance du 4 Juillet 1845.

## Rouen,

DE L'IMPRIMERIE DE A. PÉRON,

RUE DE LA VICOMTE, 55.

1845

# ÉLOGE ACADÉMIQUE

DU

# Dᴿ NAVET,

Membre correspondant de l'Académie royale des Sciences, Belles-
Lettres et Arts et de la Société d'Émulation de Rouen,
membre du Conseil de Salubrité et de la Société
humaine de Dieppe, médecin adjoint de
l'Hospice de cette ville.

### PAR M. VINGTRINIER,

Médecin en chef des Prisons de Rouen, etc.,

LU A L'ACADÉMIE ROYALE DES SCIENCES, BELLES-LETTRES
ET ARTS DE ROUEN,

Dans sa Séance du 4 Juillet 1845.

## Rouen,

DE L'IMPRIMERIE DE A. PÉRON,

RUE DE LA VICOMTÉ, 55.

—

## 1845.

# ÉLOGE ACADÉMIQUE

## DU

# Docteur NAVET,

### DE DIEPPE.

———————

L'Académie a perdu, dans la personne de M. le docteur Navet, de Dieppe, un de ses membres correspondants, digne, à tous égards, de son estime, de ses regrets et de ses souvenirs. [1]

Cette perte, qui afflige une famille honorable et toutes les personnes qui l'ont connu, est aussi vivement sentie par les fervents amis de la science et de l'humanité. Car le docteur Navet n'était pas seulement un bon père de famille, un ami sûr et dévoué, c'était aussi un médecin profond, grave, savant, ardent à apprendre et à propager. Ses travaux scientifiques, ses nobles sentiments pour tout ce qui était bien et utile, son amour pour le pays, et, surtout, pour la bonne ville de Dieppe, dont il était devenu l'enfant,

[1] Stanislas-Victor-Amédée Navet, né à Rouen, le 26 pluviose an X (15 février 1802), fut élevé à Dieppe, où il est mort le 30 mai 1845.

étaient chez lui autant de belles qualités qui en avaient fait,
dès son entrée dans la carrière, un homme distingué, et
qui lui donnent aujourd'hui des droits à la mémoire des
hommes, ainsi qu'une place parmi les philanthropes.

L'Académie entendra, je l'espère, avec intérêt pour
l'homme qui n'est plus, et avec bienveillance pour moi qui
fus son maître et son ami, le récit si pénible à faire d'une
vie bien courte et pourtant bien pleine de travaux utiles, de
fatigues et d'épreuves, et aussi l'appréciation scientifique
des ouvrages remarquables qui resteront, pour justifier l'estime qu'avait acquis à son nom notre jeune et malheureux
confrère.

C'est, Messieurs, à l'âge de quarante-trois ans seulement, que Stanislas Navet a succombé à une courte maladie, c'est-à-dire à un âge où les difficultés de position,
d'état, sont vaincues, où l'homme laborieux et doué d'une
honorable ambition a fait sa réputation, conçu et déjà
réalisé des espérances, à cette époque enfin où il a pu
compter sur un avenir préparé à force de labeurs, et quelquefois de privations et d'épreuves bien rudes. Tel est le
sort de cette pauvre espèce humaine, qu'elle ne doit compter sur rien, et que, s'il lui est permis de faire des projets,
c'est à condition qu'elle aura sans cesse devant les yeux
cet avertissement du sage par excellence. « Sois toujours
prêt à mourir. » « estote ergò vos parati, quia nescitis
neque diem, neque horam » (Evangile).

Issu d'une famille peu aisée, Stanislas Navet a triomphé
des premières difficultés de l'éducation scholastique, sou-
tenu par un désir ardent, manifesté dès l'enfance, de deve-
nir un jour un homme capable de rendre heureux ses bons
parents et d'être utile à son pays. A peine terminait-il
ses classes au collége de Dieppe, qu'il entrait dans les
hôpitaux pour se livrer, avec plus d'ardeur encore, aux

nouvelles et plus sérieuses études d'où dépendait l'avenir qu'il avait sitôt rêvé.

Ce fut alors que je connus le jeune étudiant. Je sortais moi-même de l'école, après avoir aussi traversé une voie difficile, et je faisais l'essai de la pratique médicale. Mon temps m'appartenait, et je voulus l'occuper en initiant quelques jeunes étudiants aux premières difficultés des études médicales.

Stanislas Navet était de ce nombre. Je ne fus pas long-temps à remarquer son aptitude et son ardeur; mon amitié lui fut dès-lors acquise.

Le studieux élève suivait les cours de l'école de Rouen; il profita promptement des leçons de ses savants professeurs, qui tous l'aimèrent, et bientôt il put se faire recevoir Officier de santé. Ce fut en 1822. Obligé d'arrêter là des études qu'il savait incomplètes pour pouvoir satisfaire son ambition, mais suffisantes pour se livrer à l'exercice de la Médecine sur un petit théâtre, il alla se fixer dans ce village des environs de Dieppe, aujourd'hui si remarquable, que l'honorable et savant industriel M. Pons a transformé en une colonie d'artistes mécaniciens, à Saint-Nicolas-d'Alihermont; là, il acquit bientôt la confiance de la population.

En allant se placer aussi près de sa ville d'adoption, le jeune médecin nourrissait le projet de s'y établir un jour, mais il voulait, pour le faire avec succès, pouvoir rivaliser avec tous les bons praticiens qui y exerçaient la médecine, et rendre à son pays tous les services dont il se croyait capable. Le grade de Docteur en médecine était donc l'objet de son ambition.

A force de labeurs et d'économies, l'officier de santé put, après huit années d'exercice à la campagne, quitter sa clientelle pour aller se replacer courageusement sur les bancs de la grande école, et, en 1830, il fut reçu Docteur en médecine de la Faculté de Paris.

Tant de persévérance et de travail étaient dignes d'une double récompense, le succès d'abord et le repos ensuite. C'est après avoir obtenu l'un, et au moment de goûter l'autre, qu'une mort prématurée est venue le saisir.

A tant de peine a-t-il trouvé quelque compensation? Il est doux de le croire. Sans doute qu'au milieu de tant de soucis, notre ami a trouvé quelquefois du bonheur dans le travail lui-même et dans ses efforts heureux, dans les douceurs d'une heureuse union et dans celles de l'amitié. Croyons encore qu'il a éprouvé quelque jouissance à se livrer à des travaux qu'il a conçus dans l'intérêt de l'humanité, et pour la gloire de sa bonne ville de Dieppe qu'il aimait tant.

Croyons surtout que, dans l'asile de la paix éternelle où il a été trop tôt appelé, notre confrère ressent encore un dernier et éternel bonheur, par les regrets qu'il cause et l'estime qu'on lui décerne. Oui, croyons cela, Messieurs, car la vie, sans quelque compensation, serait une calamité divine, et la Providence est trop bonne pour qu'il en soit ainsi!

Tel a été l'homme, apprécions maintenant ses œuvres.

Pendant que, Officier de santé, il exerçait la médecine de la campagne, le jeune praticien ne perdait aucune occasion de se livrer à l'observation, et nous avons vu de lui un grand nombre de faits pratiques, constatés et rédigés avec autant de talent que de perspicacité, et réunis par lui pour former les matériaux d'un ouvrage qu'il méditait.

Une maladie particulièrement, la Suette miliaire, qui règne dans ces contrées à l'état d'endémie, et qui a été quelquefois épidémique, très-répandue et très-meurtrière, la Suette miliaire, dis-je, a été l'objet d'études sérieuses de la part du jeune praticien, et il en a publié les résultats dans un mémoire où l'on trouve clarté, concision, vues pratiques bien méditées, et des faits curieux et utiles à conserver à la science.

D'après ses observations sur la Miliaire, il faut surtout fixer son attention au début de la maladie et la considérer comme le résultat d'un empoisonnement miasmatique, agissant plutôt sur les humeurs que sur les tissus organiques.

Cette manière de voir du praticien le conduisait à conseiller, dès le début, et malgré la présence de symptômes inflammatoires, en apparence contre-indiquants, des médicaments toniques, principalement le quinquina rouge, à haute dose, et surtout en lavement. Il préférait aussi le quinquina rouge à tout autre et à la quinine. La saignée était, selon lui, toujours funeste.

Le docteur Navet a pu, d'ailleurs, compléter plus qu'un autre ses études sur cette maladie, parce qu'il l'a contractée, avec toutes ses complications, à une époque où il soignait beaucoup de personnes qui en étaient atteintes.

Il échappa à la mort, alors que tout espoir de le sauver était perdu.

Fatale maladie, qui a affaibli sa constitution et contribué à rendre sa santé extrêmement délicate !

**THÈSE.** Lorsque, en 1830, le nouvel étudiant se préparait à sortir des bancs de l'école de Paris, il méditait sur un sujet aussi vaste que curieux, le *tempérament de la femme*. Ce fut en effet le sujet de la thèse qu'il soutint pour obtenir le doctorat.

Dans ce travail, l'auteur a voulu prouver, par les opinions déjà admises dans la science et par ses observations personnelles, combien est grande l'influence du système nerveux chez la femme, observée dans l'état de santé, comme dans l'état de maladie.

« De tous les êtres organisés, jouissant de la sensibilité, « la femme est celui qui le possède au degré le plus émi-

« nent ; son physique, comme son moral , révèle l'être
« nerveux par excellence. Chez elle, les sensations jouissent
« d'une exquise délicatesse ; la mobilité de son caractère ,
« le développement excessif de ses sentiments affectifs, le
« cortége de phénomènes nerveux qui accompagne les fonc-
« tions qui lui sont propres, prouvent assez ce fait. »

Pour le préciser , le docteur Navet a établi, dans une
série de propositions parfaitement bien présentées :

1° Que le tempérament nerveux est celui qu'on observe
ordinairement chez la femme ;

2° Quelle est l'influence nerveuse à l'époque de la
menstruation ;

3° Quelle est cette même influence à l'âge critique.

Ici l'auteur s'est attaché à combattre cette erreur, funeste
par l'inquiétude exagérée qu'elle répand , que la cessation
des règles donne lieu, le plus souvent, à des accidents
redoutables.

Nous pouvons dire que cette deuxième production peut
être rangée au nombre des travaux les mieux inspirés par
l'étude et la pratique. Aussi l'épreuve du débat solennel
devant la faculté fut-elle subie honorablement , et le doctorat obtenu à l'unanimité.

Déjà précédé à Dieppe , où enfin il allait se fixer, par une
réputation d'homme d'étude , le jeune docteur obtint
promptement la confiance d'une nombreuse clientelle ;
puis, bientôt, l'Administration appréciant son mérite , l'as-
socia au service de santé de l'hospice, et aux travaux du
Conseil de salubrité.

D'un autre côté, plusieurs sociétés savantes l'accueillirent
aussi honorablement [1].

[1] En 1825 , le docteur Navet a été reçu membre correspondant de
la Société d'Emulation de Rouen, et, en 1839, membre correspondant
de l'Académie royale des Sciences, Belles-Lettres et Arts.

**CHOLÉRA.** En 1832, à cette époque de désolante mémoire, où le choléra fit tant de victimes en France, le docteur Navet ne voulut pas l'attendre dans sa ville. Il s'empressa d'aller à Paris, où d'abord le fléau avait fait acte de puissance dévastatrice et répandu l'effroi. Il voulut voir les grands maîtres de la science aux prises avec ce génie infernal, pour revenir lutter à son tour au profit des siens.

Triste déception ! Il faut bien le dire, le jeune médecin n'apprit rien, et, lorsque l'épidémie apparut à Dieppe, il dut agir, comme tous ses confrères, suivant les inspirations du moment ; il fit alors ce qu'il put. Comme tous les membres du corps médical, il se dévoua ; il ne refusa ses soins et ses consolations à aucune victime, malgré sa désespérante persuasion de la faiblesse des théories, et de l'impuissance des médications, malgré le danger qui menaçait chacun, malgré enfin la stupide répugnance de certains malades du peuple. Il fit son devoir de médecin en homme de cœur et de courage.

Toutefois, plusieurs épreuves fâcheuses étaient réservées alors au docteur Navet. Le voyage qu'il avait fait onéreusement à Paris le fit suspecter, plus qu'un autre, par quelques gens du peuple, d'avoir importé l'épidémie à Dieppe, ou plutôt d'avoir facilité des empoisonnements *commandés* [1], et il eut à souffrir des scènes pénibles, là où il aurait dû recevoir des bénédictions.

Il fut, peu après, atteint lui-même du choléra, et, quoique la maladie ne devint pas chez lui des plus intenses, il se ressentit longtemps de la secousse qu'elle lui imprima.

---

[1] On sait que le peuple, à cette époque de fâcheuse mémoire, partout où le choléra s'est montré, s'est cru la victime d'une affreuse conspiration, quoiqu'il vît pourtant beaucoup de personnes riches en être victimes comme lui.

Enfin, le terrible fléau enleva un des nôtres, le docteur Cocu, qui était son ami intime, et à la mémoire duquel il paya un tribut d'éloges qu'on pourrait, à juste titre, reporter aujourd'hui à son biographe.

**ÉLOGE DU DOCTEUR COCU.** Enthousiastes de leur art, ces deux honorables médecins en connaissaient toute l'utilité, toute la dignité, toute la valeur. Ils savaient toujours s'élever au-dessus des déceptions, des injustices, des ingratitudes qui en sont la suite malheureusement inévitable, et ils savaient surtout mettre en pratique les préceptes de la science, comme ceux de la charité.

« La principale vertu du médecin, dirent-ils l'un et l'au-
« tre, consiste à secourir le pauvre à son lit de maladie ; si
« l'humanité nous appelle auprès de tout être souffrant,
« elle nous appelle d'abord auprès de l'indigent que la
« souffrance atteint ; le riche trouve aisément des soins em-
« pressés ; le pauvre, au contraire, gémit souvent aban-
« donné. La dignité du corps auquel nous appartenons,
« exige que notre profession soit exercée avec philanthro-
« pie et désintéressement, car la médecine n'est point un
« métier, elle est un sacerdoce. Tout homme qui mécon-
« naîtrait cette vérité serait indigne d'appartenir à notre
« corps ! »

Le jeune biographe fut, comme son vieil ami, trop vertueux pour oublier, dans sa conduite, ces principes d'humanité, et, nous le savons, il donna, dans toutes les circonstances de sa vie, la preuve qu'ils étaient la vraie pensée de son âme.

La notice nécrologique dont nous venons de parler est un ouvrage de mérite, sans doute, mais c'est aussi une bonne action, car c'est, selon nous, un acte de véritable patriotisme que de payer un juste tribut d'hommage à la mémoire des hommes qui se sont rendus utiles et qui ont bien mérité de leur pays.

**SECOURS AUX NOYÉS ET ASPHYXIÉS.** Enfant de Dieppe, le docteur Navet avait été bien souvent le témoin de ces accidents déplorables qui atteignent si fréquemment de pauvres marins, le plus souvent victimes de leur courage et de leurs sentiments d'humanité.

Frappé des malheurs occasionnés par l'absence d'un service de secours bien organisé, il médita long-temps sur cet objet important, et s'empressa d'y appeler, dès qu'il le put, l'attention de ses concitoyens et de l'administration.

Ce fut au Conseil de salubrité, dont il était membre, que le docteur Navet communiqua ses premières idées sur ce service, et le Conseil le chargea de faire en son nom une proposition officielle à l'autorité locale. Ce travail fut imprimé en 1838, à Dieppe; il forme un in-8° de 50 pages, petit texte.

Hâtons-nous de dire que, heureusement pour la satisfaction et la gloire de l'auteur, et surtout pour le bien de l'humanité, la demande a été promptement accueillie. La ville de Dieppe tout entière, pleine de sympathie pour une œuvre aussi utile, s'est prêtée, par une souscription, à l'exécution du projet, et aujourd'hui la société humaine est là pour veiller sans cesse au maintien de la bonne organisation du nouveau service de sauvetage pour les noyés.

Honneur à notre ami! Cette conception rendra son nom impérissable, et sa ville, pour cela seul, s'honorera toujours de le compter au nombre de ses fils.

Parlons un instant de l'ouvrage au point de vue scientifique et surtout pratique.

L'ancien service qui existait, à Dieppe, depuis 63 ans, c'est-à-dire le service des boîtes fumigatoires mobiles, a été trouvé par M. Navet, là, comme partout ailleurs, à peu près oublié.

Au lieu de chercher à le faire rétablir, il l'a jugé, avec raison, incomplet, insuffisant, et à peu près inutile dans tous les cas de submersion.

Selon sa proposition (page 7 de sa brochure), « l'établis-
« sement d'un service de secours pour les noyés, applicable
« à la ville de Dieppe, doit se composer :

« 1° De moyens préventifs ;

« 2° D'un bateau et des appareils de sauvetage ;

« 3° De plusieurs lieux ou pavillons de secours où se
« trouveront tous les appareils, toutes les dispositions né-
« cessaires pour rappeler l'asphyxié à la vie, et servir au
« logement des secouristes ;

« 4° D'une Morgue et de tous ses accessoires ;

« 5° De l'organisation d'un personnel qui puisse faire
« convenablement fonctionner l'établissement ;

« 6° De l'institution d'une *Société humaine*, qui aidera
« au perfectionnement comme au maintien de l'établisse-
« ment.

Reprenant ensuite, dans autant de chapitres, chacune de ces propositions, l'auteur, habile et prévoyant, indique, dans le plus grand détail, tout ce qui a été fait en d'autres lieux avec avantage, et tout ce qui lui paraît nécessaire.

Il serait impossible de faire ressortir ici les parties les plus utiles de cet ouvrage ; tout y est utile ; tout est prévu, tout est savamment décrit et habilement présenté. C'est un travail spécial et complet qu'il faudra toujours consulter pour traiter le sujet. C'est le résumé des progrès de la science, des espérances de l'humanité et des devoirs de l'administration.

Toutefois, l'auteur ne s'y attribue aucun mérite ; aussi modeste que savant, il dit (pages 46 et 47) :

« Si nos efforts ne sont pas entièrement vains, avec quelle
« profonde émotion verrons-nous placer la dernière pierre
« de l'édifice ! Quel beau jour ce sera pour nous que celui
« où l'on pourra dire que, dans Dieppe, enfin, un mal-
« heureux noyé a été rappelé à la vie ! Oh ! Messieurs,
« nous l'avouons, peut-être qu'alors les battements de notre
« cœur trahiraient les effets de notre amour propre. Ce n'est
« pas que nous prétendions jamais à plus que ce qui nous
« serait dû, car nous reconnaîtrons toujours que, dans ce
« travail, nous n'avons eu d'autre mérite que celui de l'ap-
« plication à notre ville des excellentes productions qui
« ont précédé notre œuvre. »

Il est vrai que le modeste auteur du projet d'organisation d'un service de secours pour les noyés, a dû pro-
fiter des travaux des Portal, des Pia, des Fodéré, des
Gardanne, des Marc, des Vigné, des Orfila, des Julia
Fontenelle, des Devergie, etc. Cependant, malgré ces
savants jalons, si propres à bien conduire, on devra lui
accorder une plus large part que celle qu'il se faisait après
le succès.

L'initiative qu'il a prise, l'insistance qu'il a apportée,
les difficultés qu'il a vaincues, le succès, enfin, d'une en-
treprise qui nécessitait la réunion de la science, de l'expé-
rience et du patriotisme, tout concourt à faire placer le
nom de Stanislas Navet parmi les noms si honorables que
nous venons de citer.

Le succès, en effet, a suivi de bien près la publication
du projet ; car, à la fin de la même année 1838, la *Société humaine*, proposée par Navet, a été fondée et son
règlement publié.

En tête de ce règlement, on lit :

La Société humaine de Dieppe a pour but principal :

1° De porter secours à toutes les personnes qu'on aper-
çoit en danger d'être noyées :

2° De porter, autant que possible, assistance aux bâti-
ments menacés de naufrage ;

3° D'aider et de prendre sous son patronage les veuves et
les enfants indigents des personnes mortes par submersion.

4° De publier et d'enseigner les moyens propres à rappeler à la vie les asphyxiés.

5° De récompenser tous ceux qui auront secouru ou aidé
à secourir des personnes en danger.

Un comité directeur, composé de 21 membres, assure
la durée et la bonne administration de la Société, dont
les membres sont très-nombreux, et l'on sait aujourd'hui
que, grâce aux soins de ce comité et au concours empressé des deux premières autorités du pays, M. Mouquet, sous-préfet de l'arrondissement, et M. Deslandes,
maire de Dieppe, le nouveau service a reçu l'organisation
la plus complète. Trois pavillons de secours ont été élevés
et pourvus de tout ce que la science et l'humanité exigent,
et, nous l'espérons, ces frêles monuments ne croûleront
pas, car ils seront soutenus par les sentiments héréditaires
à Dieppe, de l'amour du pays et de l'humanité ?

Ne pouvons-nous pas espérer aussi que la reconnaissance
publique ornera un jour ces pavillons du buste de leur·
fondateur !

M. Mouquet, sous-préfet de l'arrondissement de Dieppe,
qui a participé avec empressement, dès l'origine du projet, à l'organisation des nouveaux services demandés par
le docteur Navet, cherchant à en assurer la continuité, a
demandé cette année au Conseil d'arrondissement une al-
location au profit de la Société humaine ; nous remarque-
rons que ce digne magistrat a voulu, à ce propos, rendre
un honorable hommage au créateur de cette Société, en

exprimant les regrets que sa perte, toute récente encore, avait causés.

**COURS D'ANATOMIE.** Après avoir terminé cette bonne œuvre, qui, seule, eût pu suffire pour honorer un bon citoyen, notre ami voulut en commencer une nouvelle, qu'il avait conçue avant la première, mais réservée pour un autre temps comme moins immédiatement utile.

Homme de bon goût, et artiste par instinct, notre confrère avait, par ses études anatomiques, par ses observations sur les chefs-d'œuvre de l'art, et par ses relations de tous les jours avec les sculpteurs ivoiriers de Dieppe, avait, dis-je, fait des remarques piquantes et vraies sur les productions en *ivoirerie*, qui sont une des plus anciennes et des plus productives ressources de Dieppe.

L'éducation des artistes sculpteurs lui sembla toujours trop abandonnée à elle-même, c'est-à-dire, à la routine d'un métier, et, par suite, la sculpture elle-même trop rarement marquée au cachet du génie ou de la perfection montrée par les modèles de l'art. Le dirais-je ? le patriote dieppois, tout en rendant justice à un grand nombre d'habiles ouvriers, était souvent honteux et affligé de voir décorées du nom d'*ivoirerie de Dieppe*, des productions grossières et ridicules, où le goût était autant outragé que les formes ; c'est que, pour lui, l'art ne devait jamais descendre, c'est que pour lui, l'honneur de sa ville était engagé ; c'est, enfin, qu'à ses yeux, l'avenir de l'intéressante classe des artistes ivoiriers était compromis.

Quelques efforts, pensait-il, pourraient relever l'art et les artistes par une bonne direction de leurs études, et ce serait honorer le pays ; or, ces efforts, il entreprit enfin de les solliciter.

Le maire, l'honorable M. Deslandes, toujours empressé

de saisir les occasions de faire le bien de sa cité , accueillit bientôt les vues du docteur Navet , et pour arriver à leur donner une heureuse suite , il commença par obtenir du Conseil municipal l'achat d'un sujet d'anatomie , de la fabrique du savant anatomiste Auzoux , pour être mis à la disposition des ivoiriers.

Mais on s'aperçut bientôt qu'il ne pouvait suffire d'une simple exposition de la pièce anatomique , et qu'une démonstration publique était indispensable ; il s'agit alors de trouver un homme de l'art , un anatomiste , qui fût assez zélé et assez capable pour consentir à apprendre d'abord , et à professer ensuite une spécialité anatomique , dont on ne s'occupe que dans les écoles des beaux arts ; l'Académie pressent déjà , que M. le maire s'adressa au docteur Navet , et que notre ardent confrère accepta avec empressement la mission.

L'œuvre était difficile , mais en travaillant beaucoup , et presque toujours de nuit , pour ne pas perdre le temps dû à sa nombreuse clientelle , le docteur Navet fut bientôt prêt, et conçut un plan tout nouveau d'*anatomie artistique*, où l'érudition , l'ordre , la clarté , l'élégance et l'utilité surtout se font remarquer , et il en commença la démonstration publique , le 9 janvier 1845.

Son premier essai , Messieurs , fut un coup de maître , et , en effet , dès la première leçon , il sut mettre tant d'attrait dans l'exposition de ce plan , il employa tant de science, d'élégance , de simplicité et de preuves pour démontrer l'utilité de l'anatomie , que ce fût pour les auditeurs et pour le professeur un véritable succès d'enthousiasme. On vit alors le nombre des auditeurs s'augmenter à chaque leçon , et pendant les dernières , il s'élevait à 300 personnes.

Constatons , pour l'honneur de tous , ce grand résultat, en voyant si bien réunis et si bien se comprendre , l'ardeur de s'instruire et l'ardeur d'enseigner , dans une ville , en apparence si peu disposée à l'étude, par ses usages et ses travaux positifs !

Le discours d'ouverture du cours d'anatomie du professeur de Dieppe, est une œuvre très-remarquable par la force et l'élévation des pensées, par l'élégance du style et l'érudition qui y est déployée.

L'auteur l'a intitulé : « De l'utilité de l'anatomie pour « l'homme religieux, pour l'homme du Monde et pour « l'Artiste. »

Je regrette bien vivement, Messieurs, que les limites accordées à cet éloge, et l'étendue qu'il a déjà prise me forcent à resserrer ce que je voudrais reproduire ici de ce beau discours, pour en faire ressortir le mérite. Je me bornerai donc à citer le premier paragraphe et quelques-uns des derniers :

« L'anatomie est la science la plus digne de la médita-
« tion de l'homme ; son immensité permet les recherches
« les plus variées, et donne au philosophe la faculté de
« faire passer sous les yeux ce qu'il y a de plus admirable
« dans l'œuvre de la création. Cette science, en effet, dans
« sa définition la plus étendue, analyse chacune des par-
« ties des êtres qui ont reçu la vie, soit qu'ils appar-
« tiennent au règne végétal, soit qu'ils dépendent du règne
« animal ; elle attaque et divise tous les organes ou toutes les
« portions de l'organisation qui, dans ce grand ensemble,
« peuvent cependant remplir isolément un acte, un phéno-
« mène ou une fonction ; elle les étudie sous le rapport de
« leur composition intime, sous celui de leur forme, de leur
« situation, de leur connexion et même de leur action.
« C'est ainsi que, aidé du microscope, du scalpel ou des
« appareils de la chimie, l'œil attentif de l'observateur se
« porte, en parcourant l'échelle de la nature animée, du
« point où commence la molécule élémentaire jusqu'aux
« pieds du sublime auteur de l'univers. »

2

Après avoir donné cette haute idée de l'anatomie, le professeur entre dans son sujet, en fait l'historique, et démontre, en effet, avec une grande profondeur de vues, que l'anatomie doit être étudiée par l'homme religieux, par l'homme du monde et par l'artiste, et puis il termine ainsi (page 28.)

« J'ai sans doute accepté une tâche supérieure à mes
« forces, en me chargeant, moi qui ne suis point artiste,
« de diriger ceux qui le sont déjà; j'aurais même, je
« l'avoue, reculé devant cette témérité, si je ne m'étais
« rappelé que l'homme qui ne marche pas, peut pourtant
« quelquefois indiquer le meilleur chemin.

« En acceptant cette honorable mission, mon but est
« d'aider à former dans notre ville de véritables artistes,
« qui réussissent à porter jusque dans ces ébauches, que
« le commerce de l'ivoirerie donne à si bas prix, le senti-
« ment et les principes du vrai, du beau et de l'idéal. Ces
« exquisses ou ébauches seront alors recherchées avec
« empressement. Le commerce s'en accroîtra et un élé-
« ment de plus sera ajouté à ce qui fait la prospérité et le
« renom de notre ville. Lorsque nos artistes seront initiés
« aux connaissances anatomiques, ils feront avec autant
« d'assurance et de promptitude des objets d'art, qu'ils en
« faisaient auparavant d'informes; car, il est aussi facile
« au burin habile de tirer un trait savant et gracieux, que
« d'en faire un que la science et le bon goût réprouvent.

. . . . . . . . . . . . . . . . . . . .

. . . . . . . . . . . . . . . . . .

« Si mes efforts sont couronnés de succès, si j'accom-
« plis ce que j'ai projeté, je serai heureux d'avoir servi à
« la fois l'art, la morale et l'humanité, dans cette Cité, à
« laquelle j'ai consacré toutes mes facultés, parce qu'elle
« m'a adopté dès ma jeunesse. Mais je demande qu'on
« veuille bien ne pas me supposer des intentions que mon

« esprit et mon bon sens repoussent. J'ai trop la con-
« science des bornes de mon savoir, pour me présenter
« ici comme un professeur qui se trouve capable de déve-
« lopper, en bons termes, une science aussi élevée que
« l'est celle de l'anatomie. Je comprends seulement, qu'il
« y a dans cette science des préceptes très-simples, des faits
« positifs, qu'il est fort utile, et, en même temps fort aisé
« de faire connaître. Je m'attacherai donc à les exposer
« sans prétention, et ainsi qu'on pourrait le faire au sein
« d'une famille, ou au sein d'un cercle d'amis ; bien con-
« vaincu qu'ils suffiront pour donner, à l'artiste, le goût
« du vrai et du beau, à l'homme du monde, une idée
« nette de la structure humaine, de laquelle il tirera d'u-
« tiles déductions ; au penseur, au philosophe, à l'homme
« religieux et moral, cette connaissance supérieure de la
« Divinité et de soi-même, que Bossuet a tant recom-
« mandée ; ils prouveront, enfin, à tous que l'anatomie ne
« peut être, comme on l'a dit injustement, la science de
« l'athéisme, puisque son premier mot, comme son der-
« nier précepte, confirme l'exactitude de cette définition
« sublime d'un philosophe moderne « *que l'homme est*
« *une intelligence servie par des organes.* »

Cette seule citation suffira ici pour prouver que ce dernier ouvrage du docteur Navet est une œuvre de haute mo-
ralité et un acte de civisme. La lecture en sera assurément
toujours instructive, et, je le crois, indispensable à
ceux qui professeront désormais un cours d'anatomie
artistique.

Voici quel était le programme du cours :

### PREMIÈRE PARTIE.

#### ANATOMIE DESCRIPTIVE.

1° Notions préliminaires ;
2° Des os et de leurs articulations ;

3° Des muscles et de leurs mouvements ;
4° Du cerveau, du cervelet, de la moelle épinière, des nerfs ;
5° Des organes des sensations ;
6° Des organes de la voix ;
7° Des organes de la digestion ;
8° Des organes de la respiration ;
9° Des organes de la circulation;
10° Des organes de l'absorption ;
11° Des organes des sécrétions ;
12° Du tissu cellulaire et du tissu graisseux ;
13° Des organes de la reproduction chez l'homme ;
14° Des organes de la reproduction chez la femme ;
15° De l'œuf humain.

## DEUXIÈME PARTIE.

### ANATOMIE APPLIQUÉE AUX BEAUX-ARTS.

1° Des proportions artistiques du corps humain ;
2° Etude des formes en particulier ;
3° Etude comparative des formes de l'homme et de la femme ;
4° Etude des formes de l'homme aux différents âges ;
5° Des principaux caractères physiques des races humaines ;
6° Des modifications apportées à l'organisation humaine par les tempéraments, les professions, les mouvements, le sommeil, quelques maladies, l'agonie, la mort ;
7° Etude comparative des formes de l'homme et de quelques animaux.
8° Etude de quelques anomalies et variétés de conformation dans l'espèce humaine.

## TROISIÈME PARTIE.

### DÉDUCTIONS ANATOMIQUES, ARTISTIQUES ET CRITIQUES.

1° De la physionomie ;
2° Des expressions ;
3° Des passions ;
4° De la laideur ;
5° De la beauté ;
6° Du vrai dans l'art ;
7° Du beau dans l'art ;
8° De l'idéal dans l'art ;
9° Etudes anatomiques et critiques des formes sur : l'Hercule Farnèse, l'Apollon pythien, la Diane à la biche, le Gladiateur com-

battant, le Laocoon, le Silène dit le Faune à l'enfant, le Jason dit le Cincinnatus, le Germanicus, le Tibre, le Centaure, le Léonidas de David, les Sabines de David.

**PROJET DE MUSÉE ARTISTIQUE.** A peine la première partie de son cours, composée de douze leçons, était-elle terminée, que le jeune professeur sollicitait, auprès de M. le Maire, les moyens de préparer la deuxième partie de ses démonstrations.

Le 23 avril 1845, il écrivait à ce magistrat pour solliciter de lui une collection d'objets d'arts propres à l'étude de la sculpture, afin de former ainsi le germe d'un véritable *musée artistique*. Quelques jours après, il allait à Paris étudier les modèles de l'art, et exposer son projet et ses besoins à M. Cavé, directeur des Beaux-Arts, qui le comprit bien, approuva et encouragea ses efforts, et lui promit son concours.

Cette demande est un nouveau titre à la reconnaissance publique, et comme son but sera un jour réalisé, on ne peut en douter, il est juste qu'on se souvienne de celui qui, le premier, en a eu l'heureuse pensée.

Par les ouvrages faits, on peut présumer de ceux que le docteur Navet méditait, et l'on doit regretter, pour la science et l'humanité, qu'il n'ait pas terminé des travaux dont plusieurs ont été trouvés très-avancés. Nous nous bornerons à en indiquer les titres :

1° De la Cholérine à Dieppe ;

2° De la vérification des décès, des inhumations, des signes de la mort, et de la police des cimetières ;

3° Essai de topographie médicale et de statistique de Dieppe et de l'arrondissement ;

4° Projet d'une organisation de société maternelle et de bureaux de bienfaisance ;

5° Projet d'une Flore de l'arrondissement de Dieppe ;

6° Manuel médical pratique et populaire des bains de mer, ou Guide des baigneurs à Dieppe ;

7° Cours d'anatomie pour les artistes.

Après tant de travaux et d'études faits en dehors des soins donnés à une clientelle nombreuse , et du temps accordé au repos ; après tant de marques de dévoûment données à son pays , n'est-ce pas , Messieurs , une existence bien honorable et bien remplie que celle du docteur Stanislas Navet ? Ainsi connu , on peut croire sans peine à la sincérité de toutes les manifestations douloureuses qui ont éclaté dans la ville de Dieppe au jour fatal , et qui ont été exprimées , d'une manière si digne et si touchante sur sa tombe , par MM. Feret , Légal et Claude. M. le Rédacteur [du journal de Dieppe a réuni , dans sa feuille du 3 juin , ces hommages d'amis affligés , et y a joint le sien ; il a recueilli aussi une de ces inspirations poétiques qui , ainsi qu'il l'a remarqué , sont aussi honorables pour ceux qui en sont l'objet , que pour leurs auteurs. Elle est peu longue ; permettez , Messieurs , que je la place ici.

## ÉLEGIE

SUR LA MORT DE M. NAVET, DOCTEUR EN MÉDECINE.

O Dieppe ! ô ma cité ! pleure ton Esculape ,
En guise de lauriers prépare des cyprès !...
La mort n'épargne rien ; faut-il donc qu'elle frappe
Quand de la gloire on est si près ?...

Toujours grand dans ses goûts , il a passé sa vie,
Aimant son Dieu, son art, sa femme et ses enfants.
Connaître la nature était sa seule envie ,
    Pour guérir ses frères souffrants.


    Entouré des débris provenants d'un cadavre ,
Il anatomisait comme les grands docteurs.
Je crois le voir encore,— ô ce souvenir navre !
    Quelle perte pour nous sculpteurs !


    Lorsque le choléra partout se faisait craindre ,
Il a su ranimer nos esprits abattus
Qu'importe notre corps ! la mort ne peut éteindre
    Le souvenir de tes vertus.


    Si parfois l'Océan des vagues écumantes
Enveloppait soudain des marins courageux,
Il volait secourir les victimes souffrantes
    Et rendait le jour à leurs yeux.


    Celui qui fait le bien , à l'instant qu'il succombe ,
Voit son heure suprême approcher sans effroi.
Nos larmes , nos regrets , environnent ta tombe ,
    Bien heureux qui meurt comme toi !...


    Chaque élève en son ame éprouve un vide immense,
En songeant au progrès qu'on eût fait à ton cours.
L'estime de ton nom sera ta récompense ,
    Ta mémoire vivra toujours !...


Ces vers , empreints d'un vif sentiment de reconnaissance pour les travaux de l'homme utile qui consacrait ses

loisirs à l'instruction de nos ouvriers, prouvent que la semence, déposée sur un bon terrain, produit toujours d'excellents fruits. On les doit à M. Vié aîné, sculpteur en ivoire.

J'ai terminé, Messieurs, ma pénible tâche. Je crains que l'Académie n'ait trouvé long le récit d'une si courte existence et trop étendue l'analyse des travaux que je devais rappeler à son souvenir; mais elle comprendra qu'il est toujours doux de parler d'un ami, et que, devant elle, c'est, de ma part, pour la dernière fois.

www.ingramcontent.com/pod-product-compliance
Lightning Source LLC
Chambersburg PA
CBHW070750280326
41934CB00011B/2866